D1705310

悔改

何谓悔改和我们为什么必须悔改

REPENTANCE

What it Means to Repent
and Why We Must Do So

UPDATED EDITION

J. C. Ryle

天国近了，你们应当悔改！

－《马太福音》四章17节

悔改

何谓悔改和我们为什么必须悔改

作者：莱尔（英）

译者：沈熙

增订版

目 录

导言

你们若不悔改，都要如此灭亡。(路 13：3)。

你们若不悔改，都要如此灭亡，这文字乍看之下真是严厉和毫不留情。我可以想象到有人会问，"这难道是福音吗？这难道是大好的喜讯吗？这难道是牧师们在谈论的好消息吗？"这话甚难，谁能听呢？(约 6：60)

不过，这话是从谁的口中说出的呢？它们出自于那惟一者之口，祂对我们的爱超过我们所思所想。它们出自于耶稣基督，神的爱子之口。这位惟一者说了这句话，祂是如此地爱我们，为了我们而离开了天庭。祂为了我们来到地上。祂为了我们在地上度过了三十年贫穷，卑微的日子。祂为了我们走上十字架，进了坟墓，为我们的罪而死。当这话出自于这样一位之口时，那必定是爱的语言。

说到底，为了将要来到的危险而警告一位朋友，难道还有比这能够证明更大的爱吗？一位钟爱他儿子的父亲, 当他看到那小孩子正向悬崖边上走去时, 他一定会大叫, "站住! 站住!"一位温柔而宝贝她的孩子的母亲, 当她看到那小孩子正要吞食有毒的野果时, 她一定会大声喊叫, "住手! 住手! 把它放下!"

让人放任自流, 任由他们我行我素, 那才是冷漠无情。正是爱, 温柔的爱, 才会警告他们, 并且高声呐喊。那夜静更深时突然发出的"火灾! 火灾!"的喊声, 将一个正在熟睡的人惊醒, 也许会听起来很粗鲁, 严厉, 不近人情, 使他不快, 但是, 如果这呐喊声拯救了他的生命, 有谁会为此而抱怨呢? 这句话, 你们若不悔改, 都要如此灭亡, 初读之下也许很冷酷无情, 但是它们是爱的语言, 而且也许正是那将宝贵的灵魂从地狱拯救出来的话语。

本着这句经文, 我要你们注意到三件事:

1. 悔改的**本质**。它是什么?

2. 悔改的**必要**。为什么要悔改?

3. **激励**悔改。什么会带领人悔改?

第一章

什么是悔改？

让我们先要确定，我们在这一点上立足得稳。这个问题的重要性再怎么说也不为过。悔改是基督信仰的基石之一。在新约里，我们可以发现，悔改被提到起码六十次之多。

我们主耶稣基督首次传讲的教义是什么？我们知道，祂说，你们当悔改，信福音！（可 1: 15）。当主第一次差派那些门徒们出去时，他们宣称的是什么？他们传道叫人悔改（可 6: 12）。当耶稣离世时，祂给门徒们的指令是什么？祂说，并且人要奉他的名传悔改、赦罪的道，从耶路撒冷起直传到万邦（路 24: 47）。

彼得首次讲道，在结束时发出的呼吁是什么？你们各人要悔改，奉耶稣基督的名受洗……你们当悔改归正（徒 2: 38; 3: 19）。当保罗在与以弗所教会的众长老们告别时，他为他们留下的教义的总结是什么？他告诉他们，他曾或在众人面前，或在各人家里，我都教导你们，又对犹太人和希腊人证明当向神悔改，信靠我主耶稣基督(徒 20：21)。当保罗在非斯都和亚基帕面前为自己辩护时,他是怎么描述他的事工的?他告诉他们,他曾劝勉众人,他们应当悔改归向神,行事与悔改的心相称(徒 26：20)。耶路撒冷的信徒们在论到有关外邦人归信的报告时是怎么说的?他们听到了这个报告并说到,这样看来,神也赐恩给外邦人,叫他们悔改得生命了(徒 11：18)。

英国国教会对所有愿意来到主餐桌前的人所提出的要求,其首要的条件之一是什么?他们必须"查验自己是否已经为了他们过去的罪而悔改。"根据英国国教会,没有任何一位没有悔改的人可以领受主餐。我们当然都会同意,这些都是非常严肃的考量。它们都显示出我现在在问的这个问题的严重性。若在悔改上面犯错误那就是最严重的错误。在悔改上面的错谬就是在我们的宗教根源上的错谬。那么,什么是悔改呢?怎么才能说某个人悔改了呢?

若在悔改上面犯错误那就是最严重的错误。

悔改,是一个人的自然之心,对于罪的看法彻底改变。我们都生于罪中。我们生来就喜爱罪。我们一能行动和思想就开始犯罪——就好像鸟能飞鱼能游一样。从来就没有一个孩子在撒谎、自私、发脾气、任性、贪吃、骄傲和愚蠢等方面需要学或接受教导。这些东西不是从坏同伴或通过一个漫长而枯燥无聊的课程才学会的。它们自动就显示出来了。罪的种子很明显是心的自然产物。所有的儿童这种倾向于这些罪恶的天性就是人类败坏和堕落无可辩驳的明证。

然而，当我们的心被圣灵改变，这种对罪的自然喜爱被抛弃，从而发生了这种改变，这就是按照神的话称之为"悔改"。作出这种改变的人就称是"悔改"了。他可以被称为"忏悔者"或"悔改"的人。

不过我不想在此就结束这个题目。这个题目值得做更深入和更彻底的考察。当我们处理这一类的教义时，只是作一个泛泛的陈述是很不慎重的。我将把"悔改"，即repentance，这个词拆解，并加以分析。我要向你们显示构成悔改的各个部分。我要试着将每一个真正悔改的人的经验放在你们面前。

真悔改始于认识罪。悔改之人的眼睛被打开了。看到神圣洁的律法之长阔，他充满了苦恼和困惑。他看到了自己的过犯之严重，无比的严重。他惊讶地发现，以为自己是一个好人，有着一付良善的心肠是何等自欺。他明白了，在神眼中，他实际上是一个不道德，有罪咎的，污秽，邪恶的人。他的骄傲被打碎了。他的自负融化掉了。他看到他是一个大罪人。这是真悔改的第一步。

真悔改产生对罪的哀痛。由于他过去的罪和过犯，一个悔改的人的内心被深深的懊悔所触摸。想到他曾经过着这样一个愚昧和邪恶的生活，他的心被深深刺痛。为着所浪费掉的时日，被误用了的能力，使神蒙受羞辱并且伤害到自己的灵魂，他疾首痛心。一想起这些事情便使他痛苦万分，这种压力有时简直不堪重负。当一个人如此感到伤痛时，这就是悔改的第二步。

真悔改引致认罪。一个悔改的人的舌头被松动了。他一定要对那位他曾得罪了的神讲话。在他内心有些什么在催逼他，他必须向神呼叫，向神祷告，并且和神谈到他自己灵魂的状态。他必须向神倾心吐胆，并且在恩典的宝座前承认他的罪孽。那些在他里面都是重负，他已经不能再保持沉默。他也不能再隐瞒了。他将不掩藏任何事。他去到神面前，不再找借口，也不再试图为自己开脱。他诚心诚意地说，我得罪了天，又得罪了你；我的罪孽深重。神啊，开恩可怜我这个罪人！（路 15：21；18：13）当一个人如此真诚地向神认罪，这就是悔改的第三步。

一个悔改的人，他的生命改变了。

真悔改引致彻底与罪断绝。一个悔改的人，他的生命改变了。他每日的行事为人完全不同。一位新的君王在他心里掌权。他脱去旧的本性。他现在渴望按神的命令行事。他现在渴望不行神所禁止的。他现在竭力要尽其可能地远离罪。他渴望与罪争战，向罪宣战，并战胜罪。他止住作恶，学习行善（赛 1：16-17）。他与恶行与恶友一刀两断。尽管软弱，他仍努力要过一个新的人生。当一个人这么做的时候，这就是悔改的第四步。

真悔改藉着在内心自然地深深恨恶一切罪而显示自己。一个悔改的人的心思自然就是圣洁的心思。他厌憎恶而亲近善（参罗 12：9）。他喜爱神的律（参罗 7：22）。虽然若照他自己，他愿让神喜悦并跟随神，但他常常在这上面亏欠。他发现在他里面有一个恶的律在与神的灵敌对（参加 5：17）。他发觉，当他想要发热时，却冷冰冰；想要往前行时，却往后倒退；愿意积极服侍神时，却萎靡不振。

他深知自己的软弱。他为在他里面的败坏而叹息。但是，尽管如此，他内心总的倾向是朝向神，远离恶。他可以和大卫一起说，你一切的训词，在万事上我都以为正直，我却恨恶一切假道（诗 119：128）。当一个人可以这么说的时候，那就是真悔改第五也是最高的一步了。

但是，这悔改的画面就这样完了吗？我能不能就此打住而继续下文呢？我不能这么做。还有一件事是绝不可忘记的。如果我不提到这件事，我也许会让人的心难过，而神本不愿意使其难过的；而且这或许会在人的灵魂与天国之间竖起屏障。

真悔改，就如我刚刚描述的，从来不会在任何人的心中独处。它总有一个伴侣——一个值得称颂的伴侣。它总是伴随着对我们主和救主耶稣基督的活泼的信心。信心在哪里，悔改就在那里。悔改在哪里，信心也就总是在那里。我并不要决定孰先孰后——是悔改在信心之先或是相反——但是我却有足够把握地说，这两个恩典从来不会彼此分开。正如你不能有太阳而没有光照，有冰却无寒冷，有火却没有热，或者有水却无湿气，因此你绝不会找见真信心却没有真悔改，你也绝不能看到真悔改却没有活泼的信心。这两件事永远肩并肩。

那么，在我继续下去之前，让我们探查和检验我们自己的内心，并且看看我们对真悔改知道多少。我不会主张所有悔改之人的经验在每个细节上都完全相同。我的意思也不是每个人都曾认识到罪，为罪而哀叹，认罪，弃绝罪，或完全，彻底和全面地恨恶罪，如他应当做的那样。但是我却要说，就我所谈到的那些，所有真正的基督徒将能识别到某些东西，那是他们所知也感受到的。

如我刚刚所描述的悔改一般来讲会是每一位真信徒的经验。既然如此，查验你自己，看一看在你自己的灵魂里面你所知道的有多少。

小心，不要在真悔改的本质上犯错误。魔鬼对宝贵的恩典之价值了如指掌，他不会不试图要来模仿。无论何处若有真钞，那就总会有假钞。无论何处若有贵重的恩典，魔鬼定会让盗版和恩典的赝品流行，他将尝试把它们送入人的灵魂。你要确保不被欺骗。

要留心，你的悔改出自你的心。悔改不是一张忧郁的脸，一副自我为义的作派，或者是强加给自己过简朴生活的规条。仅仅如此，并非是向神的真悔改。真正的恩典远远超过仅仅是面貌，衣着，传统和仪式。当他觉得这也许与他有益时，亚哈王也可以穿着麻布，但他从未悔改过（参王上 21：27）。

要留心，你的悔改是使你转向神的悔改。当他们感到恐惧时，罗马天主教的教友们可以跑到神父那里去忏悔，腓力斯在听到使徒保罗讲道时也会甚觉恐惧（参徒 24：25），但是那并非真悔改。要确定，你的悔改将把你引向神并且使你跑到祂那里，就好像跑到你最好的朋友那里似的。

要留心，你的悔改在乎导致彻底弃绝罪。易动感情的人可以在主日听到一篇动人的讲道时哭泣，却很快在周间就回到舞会，戏院和歌剧院去了。希律愿意听到施洗约翰讲道，不仅乐意听他，并且多照着行（可 6：20）。然而，要是并不伴随悔改的实践，那么宗教情感比一文不值还糟糕。单凭感情的激动，却没有完全与罪隔绝，并非神所赞许的悔改。

要留心，在这一切之上，你的悔改与你对主耶稣基督的信心密不可分。要确信你在耶稣基督被钉死的十字架脚下认罪悔改，否则你不会得到安宁。加略人犹大可以说，我有罪了（太 27：4），但他从未转向耶稣。犹大从来没有以信心注视耶稣，因此犹大死于他的罪。

给我那种使人奔向基督并且哀叹的认罪，因为他认识到因着他的罪，他刺伤了那将他重价买回的主。给我那痛苦的灵魂，在这悲苦中人深深触摸到基督，并且在哀痛中想到他对这位如此恩惠的救主所表现出的轻蔑。

到西奈山去，听听十诫，察看一下地狱，想一想咒诅的恐怖，这一切也许会让人们感到害怕，这自有其益处，但是，若人只看到了西奈山而没有注视着加略山，没有看到那位流血的耶稣——那才是悔改最强有力的动机，则悔改绝无可能持续。这样的悔改来自于天上。这样的悔改是由圣灵植于人的心中。

第二章

为什么必需悔改

你们若不悔改，都要如此灭亡。这一节经文很清楚地揭示了悔改的必要。我们主耶稣基督的话是很明确，直接和肯定的。所有的人，无一例外，都需要向神悔改。这并非只有盗贼，谋杀者，酗酒者，犯奸淫的，淫乱的，以及在监狱和拘留所里面的人才需要悔改，而是所有的人，只要他从亚当而生，无一例外，都需要向神悔改。

高踞宝座上的女王和贫困潦倒的穷汉，大庄园中的富人和仓房中的苦力，大学里的教授和在田野终日劳作的贫苦农民——所有的人按照本性都需要悔改。所有的人生来就是罪人，所有的人都必须悔改并归正，如果他们想要得救的话。所有人的心关于罪都必要改变。所有人都必须悔改并且信福音。你们若不回转，变成小孩子的样式，断不得进天国（太 18: 3）。你们若不悔改，都要如此灭亡。

为什么有如此悔改的必要性？为什么关于这个必

要性使用了这么强烈的语言? 什么理由和原因使得悔改如此必需?

没有悔改就没有对罪的赦免。这么说时, 我必须要保护自己免得被误解。我特别强调, 请你不要误解我。悔改的眼泪并不洗去任何罪。要是说它们会, 那是很坏的神学。那惟独是基督的宝血的工作。悔改并不为罪代赎。要是说它会, 那是很糟糕的神学。它不能作那种事。我们最好的悔改也仍然是可怜和不完全的, 而且需要一再地悔改。我们最好的悔改也有着足够把我们沉入地狱的缺陷。"只是因着我们主耶稣基督, 藉着信, 不是靠我们自己的工作或当得, 我们才在神面前被算为义。"[1]也不是靠我们的悔改, 圣洁, 行善, 接受圣礼, 或任何这一类的事。所有这些都完全正确。

不过, 同样正确的是, 被称义的人也总是悔改的人, 而且一个被赦免的罪人将总是一个为罪而伤痛并恨恶罪的人。神在基督里愿意接受叛逆的人并赐予他和平, 只要他以基督的名义来到祂面前, 无论他曾经是多么邪恶的一个人。

但是, 神要求, 且正当地要求, 叛逆者要放下他的武器。主耶稣基督愿意赦免, 宽恕, 解脱, 清洁, 洗净, 成圣和为天国做好预备, 但是祂冀望看到那个人恨恶他想要得到赦免的罪。若有人愿意, 那就让他们称这个为律法主义或束缚好了。我却要站在圣经的立场上。

---

1   这是引自英国国教会三十九条信纲。-原注

神话语的见证是清晰而明确无误的。称义的人总是悔改的人。没有悔改就没有对罪的赦免。

没有悔改就没有现在生活的真幸福。也许会有幸福，兴高采烈，欢笑和喜乐，只要身体有健康，银行有存款——但是这些东西并非扎实的幸福。人人心中都有良心，而那个良心必须得到满足。只要良心觉得罪没有得到悔改并被摒弃，它

> 人人心中都有良心，而那个良心必须得到满足。

就不会安宁，并不会让人得到内心的安适。我们大家都有一个内心，或者里面的本性，外界并不知道。我们的熟人朋友们通常并不熟悉我们里面的本性。只要对罪没有悔改，内心总在其重压之下。若那个重担没有卸下，内心就永无宁日。

如果我们与神的位置不对，你和我能够感到安逸吗？不可能。一个人真正的位置是什么？直到他转过身来背对罪，并面对神，他就永远不在正确的位置上。

要是某人的房间所有的东西都杂乱无章，他就不会感到舒适。什么时候一个人内心的房间会井井有条？永远不会——直到神是王，而世界被置于下面其次的位置；永远不会——直到神坐在宝座上而罪被驱逐，赶到门外。如果神不在祂应在的位置上，而你却期望你的心安逸，倒不如说你期望太阳系运转完好却没有太阳。欠神的巨大债务必须清算。王必须在祂的宝座

上。那时，也只有那时，里面才能有平安。没有悔改，就不会有真幸福。我们若想要幸福，就一定要悔改。

没有悔改，就不能预备好进入来世的天国。 天国是一个预备好的地方，那些进到天国的人一定是预备好了的人。我们的心一定要相应于天国的事务，不然的话，我们将发现天国本身将是一个凄惨的居所。我们的心思必须与那些天国的子民和谐，否则，天国的社会将对我们是难以忍受。

我将很乐意帮助每一位读到此书的人进入天国，但是我要你知道，如果你带着一个没有悔改的心进到那里，天国对你的灵魂而言就不是天国了。如果你带着一颗喜爱罪的心进到天国，你在那里能做什么呢？你能和哪一位圣徒说话呢？你能坐在谁的身边呢？无疑，对于那些不能容忍在地上的圣徒，也从来没有为着羔羊那救赎之爱而赞颂过祂的人，他的心不会觉得神的众天使的音乐很甜美。肯定无疑，那个现在不读圣经，也不在乎想要知道使徒们和先知们写了什么的人，与众族长们，使徒们和先知们在一起也一定不喜乐。

不！不！如果我们带着一颗不悔改的心进到那里，天国里将没有幸福。没有了水，鱼儿不会高兴。被关在笼子里，鸟儿不会高兴。为什么？因为它们在适合他们生存的范围和自然环境以外。同样，一个没有归正，没有悔改的人也不会幸福，如果他进到天国而没有一颗被圣灵改造过的心。他就好像一个落在适合他生存范围以外的被造物。他无能享受他的神圣的居所。没有悔改之心，他就不适宜与众圣徒在光明中同得基业（西 1：12）。若我们愿意进天国，就必须悔改。

我以神的怜悯恳求你把我刚刚讲过的记在心里。透彻地思想它。你活在一个欺骗，舞弊和弄虚作假的世界，不要让任何人在需要悔改一事上欺骗你。哦，和他们相比，那些宣信的基督徒们都看到，知道，也感觉到了这个需要，要向神悔改的绝对的需要。

有许多事不一定必需。富有不是必需的。健康不是必需的。精美的服装不是必需的。出类拔萃的朋友不是必需的。世界的宠幸不是必需的。天才和教育不是必需的。每一年都有成百上千的人进到天国，他们没有所有这一切。不过，没有一个人曾经进到天国却没有向神悔改，信靠我主耶稣基督（徒 20：21）。

不要让任何人对你游说，称那不把向神悔改放在首位的宗教也可被称为福音。那可真是福音！若悔改不是最主要一事，那就不是福音。什么福音！那只是人的福音，不是神的福音。什么福音！这是从地而来的福音，不是从天而来的福音。什么福音！这根本不是福音；这与福音背道而驰！只要你还抱住你的罪不放，还想要把住你的罪，关于福音你愿意怎么说都请便，但是你的罪不得赦免。

要是你愿意,你可以叫那个作律法主义。要是你愿意你也可以说,"我希望到头来一切对我都安好。神是怜悯的。神是爱。基督死了。我希望我将上天堂。"不! 我告诉你,岁月并不静好。它永远也不会像那个样子而安然无恙。你在脚下践踏救赎的宝血(参来 10:29)。你至今为止与基督无份无关(参徒 8:21)。只要你不为着罪而悔改,我们主耶稣基督的福音对你的灵魂并非福音。基督是拯救人脱离罪的救主,并非是深陷罪中之人的救主。如果一个人想要保持他的罪,那一日将要来到,那时那位有恩慈的救主将对他说,*你们这被咒诅的人,离开我,进入那为魔鬼和他的使者所预备的永火里去!*(太 25:41)。

不要让任何人欺骗你,让你以为你可以在这个世界上不悔改而幸福。哦,不! 你可以嬉笑和舞蹈,享受假期,讲些不错的笑话,唱些挺好的歌曲,并说,"好哇! 美好的时光还在前面!"——但是所有这些并不证明你幸福。只要你不与罪断绝,你永远不会真正幸福。

成千上万的人暂时地继续如此,在别人看来,他们似乎很快乐,不过在他们的心中他们带着一个隐藏的苦痛。当他们独处一室时,他们凄凄惨惨。当他们没有和那些无忧无虑的人在一起时,他们很沮丧。他们的良心让他们成了胆小鬼。他们不喜欢自己呆着。他们仇恨静静地思考。他们必须不断地有什么新的刺激。

每一年他们都一定要更多。就好像一个瘾君子需要更大更多的剂量一样，那个想要在神以外寻求幸福的人只要活着每年都需要更大的刺激，尽管他其实从来都没有真正享受过幸福。

是的——更有甚者，你不悔改的时间持续得越长，你的心就越不幸福。当老年偷偷逼近，灰发在你两鬓渐显——当你不再能去你原来可以去的地方，也不能享受你曾享受过的乐趣——于是，

> 你不悔改的时间持续得越长，你的心就越不幸福。

你的不幸和愁苦对着你破门而入，好像一个持枪的强盗。一个人越不悔改，他就变得越是愁苦。

你是否听说过伦敦的圣保罗大教堂的大钟？中午时分，在最繁忙的嘈杂声中，那时各种货车，推车，马车和公共马车轰轰地碾过街道，许多人从来没有听见过那个钟声，除非他们住得很近。但是当一天的工作结束，各种活动的隆隆作响过去了，当人们上床休息，伦敦恢复安静时——那时，十二点，一点，两点，三点，四点——那钟的响声在周围数英里内都可以听到。十二下，一下，两下，三下，四下，有多少无眠之人都在听那钟声啊！

那口钟就恰像没有悔改之人的良心。当他还有健康，力量并且能够继续那忙碌的商务活动时，他听不到他的良心。藉着一头扎进世界，他将良心的声音淹

没和使其静默。他不要他里面的人对他讲话。但是那一天终将来到，不论他喜欢与否，他将听见他的良心的声音。那一日将要来临，他的良心的声音将响在他的耳际，如一柄利剑刺透他。那个时间将来到，他必将从这个世界退隐，躺在病床上，并面对死亡。于是良心的大钟响起，那个庄严的大钟，将在他心头震响，而若他还没有悔改，它的声音将使他的灵魂在极度的痛苦和悲惨中呻吟。将这个写在你的心版上：没有悔改，就没有平安。

除此之外，不要让任何人使你觉得也许有不需向神悔改而进到天堂的可能性。我们大家都想上天堂。若有人说他宁愿下地狱，那么说他脑筋有毛病应该是对的。但是绝不要忘记，若圣灵不曾将一个人预备好，没有人能够上天堂。

对于那些说人人都最终会上到天堂，你怎么度过人生并无大碍，你是否圣洁，或者你是否敬虔或敬畏神都无关紧要，人人都上天堂的现代妄想症，我很严肃地提出抗议。我无法在圣经中找到这类教导。圣经坚决地与此对立。无论用什么误导人的方法来解释这种新观点，也无论看起来如何对其辩解，它不能在神的话语面前经受检验。不！神是真实的，人都是虚谎的（罗 3：4）。

天堂并非如某些人似乎想象的那样。天堂的居民并非如许多人试图相信的那样是许多人混杂在一起。他们都只有一种心思和意念。天堂是属神的人去的地方，但是对于那些没有悔改，不信，也没有来到基督那里的人，圣经很清楚和无误地说，除了地狱没有为他们准备别的地方。

没有悔改的人并不适宜于天堂，这种想法真是让人郁闷。哪怕他上到天堂他也不会愉快。我记得有一位牧师乘坐马车旅行，他坐在车夫旁边。这位车夫是最不快乐的人之一，他好像觉得不说脏话简直就做不成任何事似的。他在漫长的路途中一直在那里咒诅，骂街，亵渎，并且滥用神的名。在赶车时，他突然大发雷霆，暴打他的马匹，又是咒骂和脏话连篇。这就是这个车夫的行径。

最后，那位牧师静静地对他说，"车夫啊，我很为你担忧。"

"先生，"车夫说，"你干嘛要担忧？一切都很顺利。我们不会有任何麻烦。"

"车夫啊，"牧师说，"我非常担忧，因为我简直不能想象如果你上到天堂，你在那里要怎么做。天堂上将没有咒诅。天堂上也没有脏话。天堂上也没有暴跳如雷的脾气。天堂上没有马来任人鞭打。车夫啊，我无法想象你在天堂上会怎么做。"

"噢，"车夫说，"那只是你的看法而已。"再也没有说更多了。多年过去了。那一天来到了，有人告诉这位牧师，有一个病人，一个陌生人，想要见他。他已经来到这个城市，他说，因为他想要在这个城里死去。这位牧师就去看望他。他进到屋里，见到一个濒临死亡的人，但他不认识这个人。"先生，"这位临死的人对牧师说，"你不记得我吗？"

"不，"牧师回答，"我不记得。"

"先生，"那人说，"我可记得你。我就是那个赶车的，多年前，你曾对我说过，'车夫啊，我非常担忧因为我简直不能想象如果你上到天堂，你在那里要怎么做。'先生，那些话紧紧抓住了我。我认识到，我并没有预备好要死。那些话一直在我心里搅动，搅动，搅动，我无法安宁，直到我为罪悔改，逃向基督，在祂那里找到了平安，并且成了一个新人。而现在，藉着神的恩典，我相信我已经预备好要面见我的创造主，并且合于光明圣徒的基业了。"

我要再次要求你记得，没有向着神的悔改，你就不能预备好上天堂。一个没有悔改的人在那里是很痛苦的。对他，将没有怜悯。他不会快乐。他也不能快乐。对那些去到那里却没有一颗恨恶罪和爱神的心的人，将毫无喜乐可言。

我预期在末后的日子我将看到许多奇异之事。我期待看到一些人会在主耶稣基督的右手边，我曾害怕我将在主的左边见到他们。我预期在主的左手边见到某些人，而他们，我曾觉得是好基督徒而且会在主的右手边见到他们。但是有一件事我很肯定是见不到的：我将不会在耶稣基督的右手边见到哪怕一个没有悔改之人。（参太 25：31-46）

我将在那里见到亚伯拉罕，他说，我虽然是灰尘（创 18：27）。我将在那里见到雅各，他说，你向仆人所施的一切慈爱和诚实，我一点也不配得（创 30：10）。我将在那里见到约伯，他说，我是卑贱的（伯 40：4）。我将在那里见到

> 我将不会在耶稣基督的右手边见到哪怕一个没有悔改之人。

大卫，他说，我是在罪孽里生的，在我母亲怀胎的时候就有了罪（诗 51：5）。我将在那里见到以赛亚，他说，我是嘴唇不洁的人（赛 6：5）。我将在那里见到保罗，他说，在罪人中我是个罪魁（提前 1：15）。

我将在那里见到殉道者约翰·布拉德福德[2]，他经常在他的信件末尾签名时写道"可怜的罪人，悲惨的罪人，约翰·布拉德福德"。正是这同一位布拉德福德，每逢他看见一个罪犯要被处以绞刑时，都会说，"因神恩典之故，约翰·布拉德福德去了。"我将在那里见到詹姆斯·乌舍[3]，他临终最后一句话是"饶恕我的许多罪过，特别是我疏忽之罪。"我将在那里见到威

2　约翰·布拉德福德（John Bradford, 1510-1555），英国改革宗牧师，在玛丽女王时期殉道；

3　詹姆斯·乌舍（James Ussher, 1581-1656），爱尔兰主教；

廉·格莱姆肖[4]，他临终最后的话是"这里走了一个不称职的仆人。"

但是他们都有同一颗心，同一个意念，和同样的经验。他们都仇恨罪。他们都为罪哀伤。他们都认罪。他们都弃绝罪。他们都悔改，并且也信——向神悔改，也相信耶稣基督。他们都以同一个声音说，"我到了何等地步都是神的恩典。"同样，我今日成了何等人，是蒙神的恩才成的（林前 15：10）。

---

4 威廉·格莱姆肖（William Grimshaw, 1742-1763），英国国教会主教；

第三章

什么才能引导人悔改?

我现在来到我答应要谈到的第三件也是最后一件事。我要思想对悔改加以激励。是什么才能引导人悔改呢?

我觉得对此应当说些什么,这非常重要。我知道,每逢提到悔改这事,就有许多困难要出现在我们面前。我知道要人放弃罪是何等不情愿。告诉他们要离开他们自己最喜爱的罪,还不如叫他们剁下自己的右手,挖出自己们的右眼,砍下自己的右脚。

我知道老习惯的力量和最初对基督信仰的想法。他们起初好像蜘蛛网,但结果却成了铁锁链。我知道骄傲的力量和因对人的惧怕而*陷入网罗*(箴 29:25)。我知道人们对被称为圣徒而且很关心基督信仰感到不快。我知道,成千上万的人对走上战场并不畏惧,却不能忍受因着他们顾念他们的灵魂而受到嘲笑和被认为荒唐不堪。我也知道,我们的大敌,魔鬼的仇恨。他会

与该抢去的分开吗？永远不会！他会放弃他所掳掠的吗？绝不！(参赛 49：24)

我有一次在动物园里看到喂狮子。我看到人把它的食物从上面抛到它面前。我看见管理员试图要把吃食拿走，我记得狮子的咆哮，扑跃，它竭力要抓住食物不放。我也记得那吼叫的狮子遍地游行，寻找可吞吃的人(彼前 5：8)。它会不经搏斗就放弃一个男人或女人，任由他悔改吗？绝不，绝不，绝不！人需要得到许多激励才会使其悔改。

然而，我们能够得到激励——伟大，宽阔，广大，完全和白白的。在神的话语中有些事可以给每一颗心加添力量，并激励每一个人悔改而不耽延。我愿将这些事现在就带到你面前。我不愿甚至哪怕有一个人会说，"这是做不到的；这是不可能的。"我愿所有读到此的人都说，"有希望，有希望！门是打开的！这是可能的！这可以做到！藉着神的恩典，人可以悔改！"

听听，主耶稣基督是何等恩典的救主。我把祂放在首位作为最伟大的论据来鼓励人悔改。我对每一个心中疑惑的灵魂说，"定睛于基督；思想基督。"凡靠着他进到神面前的人，他都能拯救到底(来 7：25)。祂是那位唯一的受膏者，君王、救主，赐下悔改和赦罪(参徒 5：31)。祂是那一位，祂说，我来本不是召义人悔改，乃是召罪人悔改(路 5：31)。祂是那一位，祂高声说，凡劳苦担重担的人，可以到我这里来，我就使你们得安息（太 11：28）。祂是那一位，以祂君王的誓言承诺，到我这里来的，我总不丢弃他（约 6：37）。正是祂，关于祂如此写道，凡接待他的，就是信他名的人，他就赐他们权柄做神的儿女（约 1：12）。

对于所有怀疑，疑问，困难，反对，和惧怕，我的回答就是这个简单的论据。我对每一个需要鼓励的人说："定睛于基督；思想基督。"想一想耶稣基督，主，于是再不要对悔改疑惑。

听听，神的话语包含何等荣耀的应许。有话这么说，承认、离弃罪过的必蒙怜恤（箴 28：13）。圣经说，我们若认自己的罪，神是信实的，是公义的，必要赦免我们的罪，洗净我们一切的不义（约壹 1：9）。神的话还说，虚心的人有福了！因为天国是他们的。哀恸的人有福了！因为他们必得安慰。……饥渴慕义的人有福了！因为他们必得饱足（太 5：3、4、6）无疑，这些都是对悔改的鼓励。我再说一遍，不要再对悔改疑惑。

听听，神的话语包含了何等恩慈的宣告。恶人若回头离开所行的恶，行正直与合理的事，他必将性命救活了（结 18：27）。神所要的祭就是忧伤的灵，神啊，忧伤痛悔的心，你必不轻看（诗 51：17）。神不愿有一人沉沦，乃愿人人都悔改（彼前 3：9）。主耶和华说：我指着我的永生起誓，我断不喜悦恶人死亡，唯喜悦恶人转离所行的道而活。……你们转回，转回吧！离开恶道。何必死亡呢？（结 33：11）。一个罪人悔改，在神的使者面前也是这样为他欢喜（路 15：10）。毫无疑问，如果有任何词语可以给人鼓励，那就莫过于这些话语了！我再一次说，不要再对悔改疑惑。

听听，我们主耶稣就这个题目讲了多么奇妙的比喻。有两个人上殿里去祷告，一个是法利赛人，一个是税吏。法利赛人站着，自言自语地祷告说："神啊，我感谢你，我不像别人勒索、不义、奸淫，也不像这个税吏。我一个礼拜禁食两次，凡我所得的都捐上十分之一。"那税吏远远地站着，连举目望天也不敢，只捶着胸说："神啊，开恩可怜我这个罪人！"我告诉你们，这人回家去比那人倒算为义了。因为凡自高的，必降为卑；自卑的，必升为高（路 18：10-14）。

这里有另外一个奇妙的比喻——浪子的比喻。

一个人有两个儿子。小儿子对父亲说："父亲，请你把我应得的家业分给我。"他父亲就把产业分给他们。过了不多几日，小儿子就把他一切所有的都收拾起来，往远方去了。在那里任意放荡，浪费资财。既耗尽了一切所有的，又遇着那地方大遭饥荒，就穷苦起来。于是去投靠那地方的一个人，那人打发他到田里去放猪。他恨不得拿猪所吃的豆荚充饥，也没有人给他。

他醒悟过来，就说："我父亲有多少的雇工，口粮有余，我倒在这里饿死吗？我要起来，到我父亲那里去，向他说：父亲，我得罪了天，又得罪了你。从今以后，我不配称为你的儿子，把我当做一个雇工吧！"于是起来，往他父亲那里去。相离还远，他父亲看见，就动了慈心，跑去抱着他的颈项，连连与他亲嘴。儿子说："父亲，我得罪了天，又得罪了你。从今以后，我不配称为你的儿子。"父亲却吩咐仆人说："把那上好的袍子快拿出来给他穿，把戒指戴在他指头上，把鞋穿在他脚上，把那肥牛犊牵来宰了，我们可以吃喝快乐！因为我这个儿子是死而复活，失而又得的。"他们就快乐起来（路 15：11-24）。

无疑，这些是对悔改巨大的鼓励。我再一次说，不要再对悔改疑惑。

听听，对于悔改的人神的怜悯和恩慈在神的话语中有多么美好的例证。读一读大卫的故事。有什么罪能比大卫的罪更甚？但是，当大卫转向主并说，我得罪耶和华了，而回答是，耶和华已经除掉你的罪（撒下 12：13）。

读一读玛拿西王的故事。难道还有比他更为邪恶的人吗？他杀死了自己孩子。他转身背朝向他父辈的神。他把偶像置于神的殿中。但是，当玛拿西被下到监中，他极其自卑向主祷告，主听了他的祷告，将他从被囚禁中带了出来（参代下 33：1-19）。

读一读彼得的历史。难道还有比他的更大的背道之事吗？他赌咒发誓地三次不认他的主！然而，当彼得为他的罪痛哭和伤痛时，甚至对彼得也存有怜悯，而且悔改的彼得得到复兴，重回主的怀抱（参可 16：7）。

读一读悔改的强盗。有哪一桩案子会比这个更加绝望？他是一个瞬间就要进入地狱将死之人。但是当他对耶稣说，主啊，你得国降临的时候，求你记念我！奇妙的回答当即来到，我实在告诉你：今日你要同我在乐园里了！（路 23：39-43）

设想一下，对于悔改，还有什么比这更伟大的鼓励吗？为什么要把这些例证记载下来供我们学习？它们的目的是为了引导人们悔改。它们都是神忍耐，怜悯和愿意接受悔改的罪人的样本。它们证明了神的恩典可以做什么。它们是见证人的云彩，证明了悔改是值得的，鼓励人们转向神，而那些坚持在罪中之人完全没有任何借口。神的恩慈是领你悔改（罗 2：4）。

我记得曾听说过有一位母亲，她的女儿离家出走，过着一个罪恶的生活。很长一段时间，没有人知道她在哪里，不过这个女儿却回到家中并且得到更新。她真正悔改了。她学会了为罪哀伤。她转向了基督并且信祂。旧事都已过去，一切都变成新的了（参林后 5：17）。

有一天，人们问到她的母亲，她怎么做的才将她的女儿领回家中。她用了什么办法？她经过了什么步骤？

她的回答真是十分精彩。她说，"我日夜为她祷告。"
但那还不是全部。她继续说，"我在上床之前从来都
不锁大门。我想，要是某天夜里，我在睡觉时我的女
儿回来了，她将绝不能说她发现大门上了锁。她将绝
不能说她回到她妈妈的家却不得其门而入。"而那正
是所发生的。她的女儿有一天夜里回来了，试着推了推
门，发现门是开的。她立即走了进去，从此再也没有离
开去犯罪。开着的门拯救了她的灵魂。

那扇开着的门是神向着罪人的心的一个美好的例
子。怜悯之门敞开。这门尚未锁上。门可以被打开。
神的心满了爱。神的心满有恩慈。不论
一个人是谁或是什么样的人，是在午夜 *怜悯之门敞开。*
或任何时候，无论何时他如向神回转，
他会发现神愿意接纳他，预备好要赦免他，并且很高
兴他回到家中。一切都已就绪。无论是谁，只要你愿
意都可以走进来。

亿万人转向了神并且悔改了，有谁曾为着悔改而后
悔吗？我很大胆地说，"没有一个！"每一年都有成千
上万的人为着自己的愚昧和不信而悔改。成千上万的
人为着自己所虚掷或糟蹋了的光阴而哀伤。成千的人
为自己的酗酒，赌博，败坏，亵渎，闲散，和错过的机会
而懊悔。但是没有一个人会站起来对世界宣告说他为
着自己的悔改和归向神而懊悔。生命窄路之上的脚步

只有一个方向。你不会在窄路上看到一个人的脚步因着窄路难走而转回去。

我记得曾读到过一个很不寻常的事件，这发生在两百年前的一个敬拜场所，当时，一位清教徒牧师，杜立德先生（Mr.Doolittle[5]）在那里传道。正在他要开始他的讲道时，他看见一位陌生的年青人走进他的教会。从这位年青人的神态看来，他猜想这位年青人很担心他的灵魂，但尚未对基督信仰下定决心。他做了一件很不寻常的事。他做了一个尝试，但神为着这位年青人的灵魂而给与了祝福。

没有一个人会站起来对世界宣告说他为着自己的悔改和归向神而懊悔。

在杜立德先生开始念他当天的经文之前，他转向一位年长的基督徒，他看见他坐在教会的一边。他称呼了那位的名字，和他打了招呼，然后问他，"弟兄，你是否为着服侍神而后悔？"那位年长的基督徒站了起来，很勇敢地向着全体会众说，"先生，我自打幼年起就服侍神，除了良善，祂从来没有对我做过任何别事。"

杜立德先生转向左边，他见到另外一位基督徒坐在那里，他同样和他打了招呼，"弟兄，"他说，直呼其名，"你是否为服侍神而后悔？"那位基督徒也勇

5　托马斯·杜立德（Thomas Doolittle，1630–1707），英国不从国教的清教徒牧师。

敢地站起来对着全会众说，"先生，直到我仰望十字架并事奉主耶稣基督，我从来就没有真正快乐过。"

然后，杜立德先生转向那位年青人，并说到，"年青人，你愿意悔改吗？你愿意背起你的十字架吗？年青人，你愿意就在今天开始服侍基督吗？"神给这些话语赐下力量。这位年青人在会众面前站起来，用很谦卑的语调说，"是的，先生，我愿意。"就在那天，在这位年青人的灵魂中开始了永生。

我们相信，杜立德先生那天从那两位老基督徒得到的回答可以说是说出了所有真基督徒的经验。我们可以十分笃定，没有人曾会为了悔改而后悔。没有人会为了他曾服侍基督而懊悔。没有人会在他最后的日子说，"我读圣经太多。我思想神太多。我祷告得太多。我顾念自己的灵魂太多。"哦，不！属神的人总是会说，"如果我可以再活一遍，我愿比从前更亲密地与神同行。我很遗憾，我没有更好地服侍神，但我不会为了曾经服侍过祂而懊悔。基督之路或许有其十字架，但却是喜乐之路，平安之途。"

无疑，这个事实本身就足够振聋发聩。这个事实本身就确定了我此前的所有论据。无疑，一个人若悔改是值得的。有着对此的激励。不悔改的人没有借口。

结 论

我已经给我的读者们讲过了我在开始时介绍过的三点。我已经给你们展示了向神悔改的本质，悔改的必要，和对悔改的激励。我要对所有读了此书的灵魂谈到一些实际和亲切的应用。

我首先要说的一个词是警告。我给所有那些手中持有此书却尚未悔改的灵魂提出一个温和的警告。所有翻阅了这些书页的人是不是都真正悔改并转向了神，并且是耶稣基督活跃的信徒，对此，我完全没有把握。我根本无从假定也不敢肯定。我不能这么想。我首先要说的话就是警告——温和而有爱心的警告——对所有那些也许偶然读到了此书却还没有悔改没有归正的人。

除了在我书里已经给与你们的，我还能给你们更强烈的警告吗？我能用什么比我的主和君王所用的更为严肃和扎心的词语呢？祂说，你们若不悔改，都要如此灭亡！是的！你们正在阅读此书并且知道你们尚未

与神和好，你们还在犹豫，徘徊，而且关于基督尚未
定下心意——你们正是这样的人，经文的词语要带
着能力临到你们：你，甚至你，若不悔改，也要灭亡！

哦，想一想这些是何等可怕的词语！有谁能够衡量
它们所包含的全部内容？将要灭亡！身体灭亡，灵魂灭
亡，凄惨地最终在地狱中灭亡！我连试着要把想到这
些而产生的恐怖描绘出来都不敢。在那里，虫是不死
的，火是不灭的（可 9：48）；有墨黑的幽暗为他们永远
存留（犹 1：13）；无望的监牢，无底之坑（启 9：1-2）；
烧着硫磺的火湖（启 21：8）——这一切只不过是对地
狱之现实的轻描淡写而已。

正是向着这个地狱，所有那些没有悔改之众正在
每天向其迈进！是的——从教会和会堂，从富裕的大
厦到穷人的小木屋，从知识，财富和体面之间——所
有的人，若没有悔改都正在向着地狱行进。你们若不
悔改，都要如此灭亡！

想一想你的危险是何等的大！你的罪，你那许多的
罪在何处？你知道你是个罪人。你一定意识到了。假装
你从来没有犯过罪是愚昧。你如果尚未悔改，你如果
尚未为了罪而忧伤，如果你从来没有认过罪，如果你还
从来没有逃向基督，如果你还没有藉着基督的宝血而
得到赦免，你的那些罪都在哪里？哦，留心你自己。地

狱之坑正向着你张开它的口（参赛 5：14）。魔鬼说到你，"他是我的人！"留心你自己！

记住经文的话：你们若不悔改，都要如此灭亡！这些不是我的话，而是基督的话。基督这么说了。基督，有怜悯的这位，基督，有恩慈的这位，祂说，你们若不悔改，都要如此灭亡！

再想一想你的罪孽！是的，我说，要有目的地想一想你的罪孽。一个人若不悔改那就是他的罪过。我们对神有责任也有义务要悔改。说我们没有是愚昧。保罗对雅典人是怎么说的？*神如今却吩咐各处的人都要悔改*（徒 17：30）。我们主对哥拉汛和伯赛大是怎么说的？他们为什么如此罪大恶极？为什么他们在地狱中的位置如此不可容忍？因为他们不愿悔改和相信（参路 10：13）。这是神的儿子最直接的见证，那些被呼召要悔改却不悔改的人，他们拒绝顺服这个呼召，他们比那些从来没有被督促要悔改的人罪过更大。

想一想继续作一个不悔改之人的愚昧。是的，我说这是愚昧。你紧紧依傍的这个世界已经在你的脚下消融。对于来世，钱财如何帮你？从现在起算上一百年，你的金子对你值什么？当你最后的时刻到来，如果你没有悔改而死去，全世界的金子能为你做什

当你最后的时刻到来，如果你没有悔改而死去，全世界的金子能为你做什么？

么？你或许为着世界而活。你在拼搏，发疯般地要在事业上成功。你走遍陆地海洋要再获取一英亩又一英亩，或者在股票市场上积累财富。你竭尽全力要得到金钱，获得财富，让你自己活得舒适，享受快乐，在你死的时候给你的妻子和孩子们留下一些东西。但是要记住，如果你没有神的恩典并且真正悔改，你在神的眼中不过是一个乞丐。

我从不曾忘记那件事给我的印象，就是当我在几年前读到那起可怕的沉船事故时，那是一艘名为*中美洲号*的大邮轮，在从哈瓦那至纽约航行途中沉没。那艘船从加州搭载了三四百名淘金者回家。他们都得到了金子，并且正在回家途中，计划要轻松地在自己的家乡度过余生。但是*人在筹算，神在安排*（箴 16：9）。

在中美洲号离开哈瓦那大约二十四小时后，海上起了一场剧烈的风暴。三或四个巨浪连续击打了这艘船，造成很大破坏。发动机瘫痪了。船在狂暴的海上，在风浪中漂流颠簸。她出现了裂缝，尽管竭尽全力，船还是开始被水灌满。

过了一阵，船上所有的人都在尽力抽水或舀水，抽水或舀水，直到大家都筋疲力尽。很明显，中美洲号和船上数百名旅客和船员，携带几乎所有船上所载，都将沉入那幽深的海中。船员们放下了他们仅有的小艇。他们把妇女乘客放入小艇，只有足够的水手来操纵这些小艇。在这样的时刻,他们对弱者和无力保护自己的人的良善值得受到尊重!

当中美洲号沉没时,小艇从大船旁划开,但是还有两三百人留在船上,大部分是那些淘金者。

有一位乘坐了最后一艘搭载了妇女的小艇的人描述了他在邮轮客舱中见到的景象,当时所有的希望都已破灭,这艘大船将要沉没。人们拿出了他们的金子。有一个人,握着一只皮口袋,里面装满了他长期辛勤劳作的所得,大声喊道,"都在这里——谁想要就拿走吧! 这对我已经是毫无用处了。船要沉了。谁想要就拿走!"其他人把他们的金子都掏出来,随处乱撒。"好吧,好吧,"他们说,"拿吧——谁想要就拿吧! 我们都要沉没了。我们没有机会了。金子于我们毫无用处!"

哦,当一个人即将被拉到神面前时,对财富的真实价值还有比这更好的评价吗? "发怒的日子,资财无益,唯有公义能救人脱离死亡(箴 11:4)。想一想你的愚昧——你的愚昧和危险,你的愚昧和罪孽——如果你要紧紧依着你的罪。如果你不想要听我今日给你的警告,以我主的名义,我再对你说一次,你们若不悔改,都要如此灭亡!

我在应用上的第二个词是邀请,对所有那些感觉到他们的罪并且愿意悔改,但尚不知道要如何做的人。我把这个很广泛且完全地给与所有问到我的人,"如果我要接受你的劝告，那么我现在当做什么？"我毫不犹豫地回答。我对你说，以我主的名义，"悔改，悔改，就在今日，悔改。悔改，不要迟延。"

我在这么说时毫无困难。我不能同意那些人的说法，他们说不应当要求没有归正的人悔改或祷告。我见到使徒彼得对行邪术的西门说，你当懊悔你这罪恶，祈求主，或者你心里的意念可得赦免（徒 8: 22）。我满足于跟随彼得的脚踪。

我对所有那些顾念到自己灵魂的人都这么说。我说，"悔改。悔改，不要迟延。"你不得不要解决这个问题的时刻很快就会来到。为什么不在今日呢？为什么不在现在呢？听道不可能永无休止。去教会或到小教堂去也定有终结的一日。喜欢这位牧师或那位牧师，属于这个教会或那个教会，持有这些观点或那些观点，觉得这位传道人很扎实

人必须行动，也必须思想，要是他想要进天堂的话。

而那位传道人不怎么样——这些都并不足够拯救一个灵魂。人必须行动，也必须思想，要是他想要进天堂的话。人如果不想要被定罪的话，就必须和他的罪断绝并且奔向主耶稣。人必须要出离这个世界并且背上他的十字架。人必须得救，悔改和相信。人必须扬起他的旗帜并站到主耶稣基督一边，如果他想要得

救的话。为什么不在今天就开始这一切呢？悔改，悔改，不要迟延。

你又在问我你应当做什么吗？去吧，我告诉你，就在此刻向主耶稣基督哭喊。去，向祂打开你的心扉。去，告诉他你是怎样的一个人，告诉祂你想要什么。告诉祂，你是一个罪人；祂不会以你为耻。告诉祂，你想要得到拯救；祂会听你。告诉祂，你是一个贫穷和软弱的被造物，祂会听你。告诉祂，你不知道当做什么和怎样悔改；祂将给予你祂的恩典。祂将把祂的灵浇灌在你身上。祂将听你。祂将应允你的祷告。祂将拯救你的灵魂。对于每一颗没有归正，未得成圣，尚未相信，尚未悔改和尚未更新的心灵的一切所需，基督是充分的，甚至远非充分所可描述。

"你的希望是什么？"有人问一个贫穷的威尔士男孩，他不会说很多英语，而且有一天在一间小旅舍中濒临死亡。"你对你的灵魂有什么盼望？"他怎么回答？他转向那位提问者，并且用结结巴巴的英语说，"耶稣基督对每个人都足够！耶稣基督对每个人都足够！"在这些词语中含有丰富的真理。有一位在主里去世的航海家说得也很好，"告诉他们，告诉你遇到的每一个人——基督是为着每一个人！基督是为着每一个人！"今天就去到救主那里，告诉祂你灵魂的需要。用这首美丽的圣诗的词句去到祂那里：

> 照我本相，无善足称，惟你流血，替我受惩，并且
> 召我就你得生；救主耶稣，我来！我来！

> 照我本相，不必等到，自己改变比前更好，因你
> 宝血除罪可靠；救主耶稣，我来！我来！[6]

以那样一种灵去到主耶稣那里，祂将接纳你。祂不会
拒绝你。祂不会厌弃你。祂会赐给你赦免，平安和永
生，祂还会给你圣灵的恩典。

你问我还有什么是你应当做的吗？有的！去，下定
决心与一切已知的罪断绝。让那些管这个劝告叫做
律法主义的人去说吧，但我盼望我绝不会忍着不说。
坐在邪恶中不动绝不可能正确。和先知以赛亚一起说
这句话绝不会错，*要止住作恶*（赛 1：16）。

不论你的罪是什么，靠着神，解决它们，以致于你
将成为不同的人并将离弃罪并和你的罪断绝。无论
是酗酒，或诅咒，或怒气，或谎言，或欺骗，或贪欲，
或邪淫——不论你的罪和过犯是什么，靠着神的恩
典，下决心，你要马上就与它们断绝。放弃它们，不
要拖延。藉着神的帮助，在今天余下的时间，离开它
们。把它们从你身上扔掉，因为它们好像毒蛇，会把
你咬死。抛弃它们，因为它们好像无用的木材只会将
船只沉没毁坏。*脱去容易缠累你们的罪*（来 12：1）。

6　选自圣诗《照我本相（Just as I Am）》，作者夏乐蒂·艾略特（Charlotte Elliott，1789～1871）

放弃它们。离弃它们。与它们断绝。靠着神的帮助，解决掉它们以致你不再犯罪。

不过，我想有可能某些人在读到这些时会对悔改感到羞耻。我敦促你将这种羞耻感永远扔到一边。永远不要为着向神悔改而羞耻。你可以为罪而羞耻。一个人应当为着撒谎，咒诅，酗酒，赌博，和不道德而感羞耻，但是悔改，祷告，信基督，寻求神和关心你的灵魂——绝不，绝不，只要你活着——永远不要为这些事而感羞耻。

我记得很久以前，那时我学到一些事，让我知道了出于对人的惧怕会做出什么来。我当时在照管一位濒临死亡的人，他曾是军队中的一个士官。他由于酗酒而损害了他的健康。他一直以来对他的灵魂漠不关心。他在临终病床上告诉我，当他第一次开始要祷告时，他非常羞于让他太太知道，所以他在上楼去祷告时把鞋子脱掉，只穿着袜子悄悄地上去，这样他太太就不会知道他在干什么。我恐怕有许多人像他一样！不要作他们中的一员。无论你对什么感到羞耻，永远不要羞于寻求神。

我想，有些读者可能害怕悔改。你觉得你是如此之不堪和不配的一个人，以致基督不会愿意要你。我再一次促请你永远地丢掉这类的惧怕。绝不，永远不要对悔改感到惧怕。主耶稣基督是非常有恩慈的。压伤的芦苇他不折断，将残的灯火他不吹灭（太 12：20）。不要对就近祂感到惧怕。忏悔室已经为你预备好了。你不需要人手所准备的。恩典的宝座就是真正的忏悔室。一位祭司也为你准备好了。你并不需要任何被按立圣职者——不需祭司，主教，牧师——站在你与神的中间。主耶稣基督才是真正的大祭司。没有任何一个人像祂一样有智慧和慈爱。只有祂才能给你完全赦免并且让你带着一颗轻松的心和完美的平安离去。哦。接受我带给你的邀请。不要惧怕。基督不是一位严厉的人（路 19：21），祂并不藐视人（伯 36：5）。今天就站起来，奔向祂。到基督那里去，悔改，不要迟延。

我在应用上最后的词是一个劝告，给与所有那些藉着自己的经验而知道何为悔改之人。我对所有那些藉着神的恩典，知道他们的罪，为他们的罪而难过，承认他们的罪，放弃了他们的罪，并在耶稣基督的宝血中找到了平安的人讲话。我对你说，"保持你的悔改！"让它成为你十分在意的一个习惯，直到你生命的最后一天。让它成为一团火，你永不会任它熄灭或黯淡无光。如果你爱生命，那就保持你的悔改。

不要把悔改当成你的救主，也不要把它变成你灵魂的锁链，这不是我的本意。我也不会要求你把悔改当作衡量你称义的尺度，或者，以为你的罪未得赦免是因为你悔改得不够。称义是一回事，而悔改是另一回事。你一定不要把不同的事混为一谈。惟独信才得称为义。惟有把握住了基督的信，但是你一定要十分小心地看守住你的悔改。继续不断。继续不断，并且不要让火渐渐熄灭。

无论何时，若你发觉你的灵魂滑倒——无论何时你感到迟缓，呆滞，沉重，冰冷，并对小的罪过无所谓——那么，你就要注意你自己的心，并且要小心了，免得跌倒（参林前 10：12）。对你的灵魂说，"哦，我的灵魂啊，你在做什么？你难道忘记了大卫的堕落吗？你难道忘记了彼得的背道吗？你难道忘记了大卫随之而来的悲苦吗？你难道忘记了彼得的眼泪吗？醒过来，哦，我的灵魂。再次苏醒吧。"加添柴火，让这团火烧得更旺。回到你的神那里。让你的悔改重新活跃并有活力。让你为你的悔改而再次悔改。当悔改不再发挥作用时，恐怕对于一个基督徒也就谈不到还会有什么最好的日子和时刻了！

保持你的悔改直到你最后的日子。总会有罪需要为之哀哭，总会有错谬需要承认。每天将它们带到主耶稣基督跟前，每天都从祂那里得到怜悯和恩典。天天向那位大祭司认罪，并且每天都从祂那里得到完全的赦罪。每天享用逾越节的羔羊，但是永远不要忘记，这是要与苦菜同吃（参出 12：8）。

"先生,"有一个年青人问菲利普•亨利[7],"一个人应该持续悔改多久?" 菲利普•亨利如何回答?"先生,我盼望要带着我的悔改直到天堂的门口。每一天我都发现我是一个罪人,而每一天我都需要悔改。我打算带着我的悔改,藉着神的帮助,直到天堂的那扇大门。"

愿这成为我们的信仰和实践——是你的神学也是我的神学!愿向神悔改和信靠我们主耶稣基督(参徒 20:21)成为我们的宗教圣殿前的两根柱子(参代下 3:17),成为基督信仰体系的奠基石!愿这两者永远不分离!愿我们,当我们悔改时,信靠;当我们信靠时,悔改!愿悔改和信靠,信靠和悔改,永远是首先和最重要的,是我们灵魂的信经中为首和最主要的一章。

7　菲利普•亨利(Philip Henry, 1631-1696),英国不从国教之清教徒牧师;

莱尔：生平简介

莱尔（John Charles Ryle），1816年五月十日出生於一个富裕殷实，享有一定社会地位的家庭——他是约翰·莱尔(John Ryle)的长子。约翰·莱尔是一位银行家，他的妻子是苏珊娜（Susanna （Wirksworth）Ryle）。作为长子，莱尔生活优渥，并注定将来要继承他父亲的财产并且要在国会中做一番事业。他的未来已经安排计划好了，要过一个衣食无虑的日子。

莱尔进入了一个私立学校就读，随后获得一个奖学金而进入伊顿（Eton, 1828），并牛津大学（1834），但他在体育方面很杰出。他在划船和板球上尤其出色。虽然他的体育生涯很短暂，但是他说它们让他获得了作领袖的才干。"（体育活动）给了我发号施令的能力，管理，组织和指导，能够看透人的才能並在最适合每一个人的位置上令其发挥，承担和容忍，让我周遭的人保持友善，我发现所有这一切在生活中各种场合，尽管事情不同，但都有无穷尽的好处。"

1837年，在他毕业前夕，莱尔的胸部很严重地感染，这使得他在长达十四年的时间里，第一次拿起圣经並且祷告。一个礼拜天，他比较迟地进到了一间教堂，当时正在读《以弗所书》二章8节——缓缓地，一个词语又一个词语，莱尔感到主在对他个人说话，他后来说，在那个时刻，他就通过神的道而归正了，並没有经过任何解经或讲道。

他的传记作者写道，"他坚定地归信，归正，从那个时刻起，直到写下他生命的最后一笔一划，在莱尔的头脑中，对神的道是活泼的，大有能力，比任何两刃的剑都锋利这一点，从来没有过一丝一毫的疑惑。"

从牛津毕业后，莱尔到伦敦学习法律，以备进入政界，但是在1841年，他父亲的银行倒闭了。因他没有了资金来源，于是他的政治生涯也就结束了。

在他晚年时，他写道，"一个夏日的清晨，我们起床时，整个世界还都像往常一样，但当我们在那一天晚上上床时，我们是完全和彻底地被毁了。紧随而来的后果是极度的辛酸和痛苦，屈辱到了极致。"

在另外一个时候，他说，"明显的事实就是，整个家庭中没有一个人像我受到这件事的打击这么大。我的父母都已不再年轻，在走人生的下坡路了；我的弟弟和妹妹们，他们当然没有预期将来要生活在汉伯里（Henbury，莱尔家庭祖居），自然从来没有觉得过些日子，这个房子就将是他们自己的家了。而我，相反，作为长子，当时二十五岁，整个世界正在我面前展开，却突然失去了所有一切，眼睁睁看着我未来的生活被整个儿翻转，陷入一片混乱之中。"

从优越的生活而遭受了这个财务上的灾难，一日之间莱尔成了一介平民。在他迄今的一生中，他第一次需要找一份工作。他受的教育使他有担任神职的资格，因此凭着他的牛津的学位，他被按立并进入了英国国教会。他的第一个职位是在汉普郡（Hampshire）的埃克斯伯里（Exbury），这是一个到处充斥着疾病的乡村地区，由此他的人生走上了一个完全不同的方向。经常反复发作的肺部感染使他度过了很困难的两年，直到他被调到温切斯特（Winchester）的圣托马斯（St.Thomas）为止。因着他的威严的仪表，热忱地持守原则和热情的性格，他的教会会众人数增加得很多以致需要找一个新的会堂。

1844年，莱尔接受了一个新的在海明瀚的萨福克（Suffol,Helmington）的职位。在那里，他有更多的时间来广泛阅读一些改革宗神学家的作品，如卫斯理，班扬，加尔文和路德等。他和查理斯·司布真，德怀特·穆迪，乔治·穆勒和哈德森·泰勒（戴德生）等是同时代人。他生活在狄更斯，达尔文和美国内战的年代。所有这一切对莱尔的思想和神学都大有影响。

他的写作生涯开始于雅摩斯吊桥（Yarmouth suspension bridge）的大灾难。1845年五月九日，一大群人聚集在这座桥上参加一个官方举办的开幕庆典，但是这座桥垮了，有一百多人落水溺毙。这个事件使全国震惊，但是它使得莱尔动笔写了他的第一篇小册子。他谈到生命的不确定性和神通过耶稣基督的确定的救赎之保守。这份小册子售出了几千份。

同一年，他和玛蒂达·普朗普特（Martida Plumptre）结婚，但她两年后就过世了，给他留下一个女婴。1850年，他和杰茜·沃克（Jessie Walker）结婚，但是她一直疾病缠身，这使得莱尔在十年的时间里，不得不要照顾她和他们逐渐增大的家庭（三个儿子和另外一个女儿），直到她去世。1861年，他被调到萨福克的斯特拉布鲁克（Stradbroke,Suffolk），在那里他和亨丽埃塔·克劳斯（Henrietta Clowes）结婚。

萨福克的斯特拉布鲁克是莱尔最后的教区，因着他的平实质朴的讲道和大力传讲福音，他的声誉大增。在旅行和传道之余，他一直花时间写作。他写了三百多份的短篇，小册子和书籍。他的著作包括《福音书的释经默想》（Expository Thoughts on the Gospels，共七卷，1856 – 1869）；《国教人士的原则》（Principles for Churchmen, 1884）；《难堪的真相》（Home Truths）；《解开的结》（Knots Untied）；《古旧道路》（Old Paths）；《圣洁》（Holiness，1877）和《信仰生活》（Practical Religion，1878年）等。

他所著《英国复兴领袖传》（The Christian Leaders of the Eighteenth Century, 1869）被描述为有着"简洁有力的句子，令人信服的逻辑和属灵大能的洞察力"。看起来，这是他的写作和他的讲道都遵循的五项主要指导方针：（1）有对主题的清楚的洞见；（2）使用简单的字词；（3）简洁的写作风格；（4）坦率直接；（5）使用大量的轶事和例证。

他写作的成功，使他可以把所获得版税收入来偿付他父亲的债务。他也许觉得他要归功于那个财务灾难，因为他说，"我毫不怀疑，这都是为了最好的益处。如果我没有破产，我就永远不会成为一个神职人员，也永远不会讲一篇道，或写一篇小册子或一部书。"

尽管莱尔经受了许多考验——财务的灾难，失去三位妻子，他自己的不良健康状况——但他也因此而学到了几项生活的功课。首先，关爱和照顾你自己的家庭。第二，如果必要的话，逆流而上。在所谓福音派变得时髦之前，他就是一个福音派，他坚持圣经的原则：因信称义，替代性救赎，三位一体，和广传福音。第三，一个模范的基督徒对你的反对者应有的态度。第四，学习並理解教会的历史。从前辈人那里可以学到重要的功课。第五，服事直到终老 — "死而后已"。还有，第六，在试炼中恒久忍耐。

这些是莱尔在度过他的一生中学到的原则，在他讲道时，在他写作时，也在他传扬福音时。终其一生，他都支持福音主义而抨击礼仪主义。

英国首相本杰明·迪斯雷利（Benjamin Disraeli）在1880年任命莱尔为利物浦主教（Bishop of Liverpool）。随后他就开始在那里建立教会和拓展宣教事工，以便接触到整个城市。他於1900年三月退休並在同年稍后时（六月）去世，享年八十三岁。他的后继者在描述他时说，他是一个 "花岗岩般的人却有着孩童的心。"

戴维斯（G. C.B.Davies）曾说，他是一位 "有着威严的仪表，无畏地坚守他的原则，却同时在与人的关系上却是一个慈爱和善解人意的人。"

资料来源：

William P. Farley, "J. C. Ryle: A 19ᵗʰ-century Evangelical", *Enrichment Journal, http://enrichmentjournal. ag.org/200604/200604_120_jcryle.cfm*

"J. C. Ryle" *The Banner of Truth, https://banneroftruth. org/us/about/banner-authors/j-c-ryle/.*

"J. C. Ryle", *Theopedia, https://www.theopedia.com/ john-charles-ryle.*

David Holloway, "j. C. Ryle - The Man, The Minister and The Missionary", *Bible Bulletin Board, https://www.biblebb.com/files/ryle/j_c_ryle.htm.*

附注：

莱尔主教之著作已有几种中文版：

《旧日光辉 - 英国宗教改革人物志》，九洲出版社，2014；

《英国复兴领袖传》，华夏出版社，2007；

《圣洁》，三联出版社，2013；

在网上可以找到不少关于莱尔生平和著作的中文资料，在此不一一赘述。

又，已故巴刻教授曾写了一本书，比较详细地介绍莱尔主教的生平，他的事奉，神学思想和他的历史地位等等，并附有他所写《圣洁》一书(第一版，共七章并前言)。很值得一读。

《Faithfulness & Holiness - The Witness of J. C. Ryle》，By J. I. Packer, Crossway, 2002

其他类似书籍

十字架，莱尔

「但我断不以别的夸口，只夸我们主耶稣基督的十字架。」（加六 14）

读者啊，请让我来跟你谈谈这个题目。相信我，这是一个有着最深远的重要性的题目，绝非什么简单的争议的问题；绝非什么人们认为尽可以言人人殊，同时却觉得对他们进不进天堂并无大碍的观点。"你怎么看基督的十字架？"每个人都必须对这个问题有正确的答案，否则他就永远失丧。对这个问题的答案将决定：天堂或地狱，幸福或悲苦，生命或死亡，末日的祝福或咒诅，也就是说，将决定一切。让我来告诉你：

1. 使徒保罗断不以什么夸口

2. 使徒保罗以什么夸口

3. 为什么所有的基督徒都应像使徒保罗那样思考和感受到十字架

慈声呼唤

这是和你，读者，心贴心的对话。在这里检验并一个个地解决了每一个借口，理由，和对你来就近耶稣可能的障碍。如果你觉得你这个人很糟糕，或者你也许真的很糟糕而且你公开或隐秘地在罪中，你将发现，基督里的生命也是为你的。你可以拒绝得救因着信的信息，或者你可以选择在宣告了对基督的信仰之后却仍然过一个罪中的生活，但是你却不能为了你或为了他人来改变这个真理本身。因此，你和你的家庭应当来拥抱这个真理，占有它，并真正在今日也在永恒中得自由。来吧，接受这个神白白赐予的礼物，为了他而过一个得胜的生活。

免费下载

CPSIA information can be obtained
at www.ICGtesting.com
Printed in the USA
BVHW051441060123
655723BV00015BA/1405